사랑할 수 없는 틈에

너는
사랑으로 피고

김소영 시집

『사랑할 수 없는 틈에 너는 사랑으로 피고』

시인의 말 9

너의 계절

아이	13
호수	14
사랑하는 이의 뒷모습은	15
너의 계절	17
초록	19
달디단 고난	20
네잎클로버	22
소녀	23
봄을 맞는다	25
사랑	26

밤과 낮의 길이는
같지

먼 곳으로부터	31
밤과 낮의 길이는 같지	32
설거지에게 화를 냈다	33
모자	35
성장통	36
그래 아니야	38
발톱	40
눈 위에 앉았다	42
유작	43
숨	44

밤을 사랑하는 마음

비둘기	49
눈이 오던 날	50
레몬	52
바질 토마토 에이드	54
갈대	55
열	56
곰	58
눈과 눈물	60
집으로 가는 길	61
밤의 노래를 부르자	62

슬픔은 나의 힘

슬픔은 나의 힘	67
야구와 자전거	68
사라진 우주	70
이별	71
짝사랑	72
빈자리	73
우물	75
슬픔은 나의 힘 2	77
삶을 살아낸다는 건	79
비 내리지 않기를 기도	81

시인의
- 말

큰 사랑에 압도되어,
나조차 확언하지 못했던 사랑을 증명받은 기분.

오늘도 내 앞에 선 모든 이들이 평안하기를,
무한한 사랑의 환희와 기쁨으로 잠들 수 있기를.

너의 계절

아이

우리는 빛 주위를 자주 서성였다
말간 얼굴의 장난을 보기만 하는 것으로도
모닥불처럼 모여들었다
그 빛을 꺼버릴까 두려워
가만히 밤처럼 있었다
숨소리에 숨죽이고
발소리에 맘 숙이고
아버지의 마음을 가늠했다

우리는 우리가
세상은 세상이
어둠임을 밤임을
그 작은 타닥거림 속에서 보았다
온몸으로 빛을 내는 빛을 향해서
눈 마주침으로 알았다

호수

잔잔함으로 두려울 때
돌을 던진다
여전히 말없이 맑은 호수는
그 자리에 깊이 자리한 채
빠질 것 같던
나를 건져내며
잔잔히 일었다
발끝에 닿은 물결
그 차오름으로 며칠을 살았다

나는 누구에게 이런 곁을 내주었던가

얼굴을 비추어 보았다
벅찬 반짝임이
윤슬이라는 이름으로 일렁일 때
나도 꿈인 듯 반짝이며
서 있었다
잔잔함으로
두려울 때
호수는 그 차오름으로
나를 살렸다

사랑하는 이의 뒷모습은

사랑하는 이의 뒷모습은
빗속으로 걸어 들어가는
우산 없는 뒷모습은
안녕, 하는 사이 잊혀
비로 내려도
덩그러니 남은 우산으로
길 앞에 놓인 어둠이
빛처럼 사라져
소리를 낮추고
음음 나는
비 맞을 당신에게서
'부슬비라 괜찮아, 잘 있어'
돌이킬 수 없는 사랑이 도착한다

만남은 꽃잎처럼
순간이어도
이토록 오래도록 지지 않아서
피고 지는 동안
우산이 되어
안녕, 하여도
홀로이어도

홀로이지 않도록
사랑하는 이의 뒷모습은 아름답다
빗길을 걸어도
그이 뒷모습으로
돌이킬 수 없는 사랑으로
음음 나는

너의 계절

한낮의 나른함이 부서지는 봄날이면 좋겠지마는
나의 계절은 흑암이 내려앉은 지금임에 틀림없다
구름은 거칠게도 이동하며 시야를 어지럽히고
못지않은 흔들림은 나무의 몫이다
광야에는 길목이 없어
오직 옳은 길만이 옳은 길이고
내리는 비를 맞는 일은
길을 걷는 일이다

그러나
광야의 비가 단비임을 아는 것은
봄날의 햇살을 꿈꾸며 걷기에 분주한 것은
메마른 땅을 홀로 걸을 때
나를 밀고 당기던 과분한 스침들을
잊지 못하기 때문이다
각각의 계절이 나의 광야로 흘러
더는 메마르지 않고
해 뜬 날 그저 흐린 날
밤 아닌 모두 낮이었음을
거친 등을 내어 준 하늘과 땅이 흑암에 있지 않고
모두 내게 보였음을

나는 보고 나는 듣고
나의 계절이 광야를 메울 만한 나의 밤이
지금 이 순간이
틀림없이 해 비추기 전임을 너로 알았다

다시 비가 내린다
영원할 것 같던 나의 계절이 가고
너의 계절이 올 때에
저무는 해를 원망치 않듯
지그시 너를 보고
네가 그러했던 것처럼
함께 날 것이다
너의 계절을

초록

이 한 번의 귀중한 삶으로 무엇을 할 것인지
메리 올리버는 물었어
나는 초록빛의 책을 꽉 부여잡고
여름이 오기를 기다렸지
땀에 젖은 옷깃에 얼굴을 파묻고
이 싱그러움 만으로도 충분히 살겠다
나는 비누로 박박 아이의 때를 씻었지
내 삶이 가고 있어
나는 홀로 다니는 아이들의 꽁무니를 눈으로 좇고
해 본 적 없는 말간 얼굴의 할머니 옆에 앉아
초록을 보았지
가끔 단지를 울리는
고함치는 사내 혹은 사내아이의 고통에
나는 잠자코 밤을 부여잡고 버티듯 기도를 했지
초록은 이유 없이 가난한 내게 자꾸 물었어
나의 초록은 무슨 색인지 짙은 몸짓으로 내 무릎을
베고 누웠지
부채질을 하라며

달디단 고난

쑥 냄새가 났다
저 바닥에서 키 작게 자란 그것은
무엇을 타고 나의 코에 닿았나
키 작은 자리 자리마다
전부 귀한 그것은
태어나 한 번 달아 본 적 없지만
그렇다고 쓰지도 않게
떡이 되고 살이 되었다

봄 중에도
고난받은 이의 냄새가 났다
바닥 저 바닥에서 키 작게 아래로 자란 그것은
무엇을 하다 나의 맘에 닿았나
키 숙인 자리 자리 마다
전부 귀한 그이는
태어나 한 번도 달아 본 적 없지만
쓰이고 그렇게
떡이 되고 살이 되었다

달고 몸에 좋은 것은 없다 했는데
이토록 단 향은

그가 쓴, 쓰인 것으로
달디단 고난이었다
쓰고 단 유일한 것이었다

네잎클로버

발에 치이는 아픔들이
소복이 쌓이면
사람들은 나를 찾는다
겨우내 많이 힘들었는지
허리 숙임도 마다치 않고
아이의 미소를 머금고
동그란 눈을 반짝인다

당신, 거기
나는 아픔을 딛고 선 네 팔이
부끄러운 몸짓 사랑해 주어 고맙네
수많은 행복들 사이로
몸을 나부끼며
나는, 여기
맘을 나부끼며
수많은 밟힘들 사이로
한가로운 몸짓 길가에 피어 서 있네
당신 아픔을 잊고서 천천히

나는 여기,
당신의 발밑에

소녀

너는 이 시가 네게 보내는 편지임을 알 것이다
붙일 용기 없이 쓴 것이 마음을 달아 네게 가 닿기를
떠도는 마음을 붙잡아 이름을 붙이고
사랑이나 영혼 같은 찬란한 말들을 넣어 너를 부른다
죽은 것들의 틈에서 너는 귀하게도 피었다
어둠의 갈라진 틈에는 어둠뿐이었지만
너는 그 안에서도 갇힌 적 없이 날개를 달아
빙그르르 날아오르고
어둠 속에 흰 점 같던 네 작은 몸짓이 전부가 되었다
너를 부르고 너를 그리고 너를 쓰면서
사막에 모래처럼 날리던 나의 존재가 산이 되었다
너는 흩날릴지라도 흩어지지 않고
흩어질지라도 사라지지 않는다
존재하지 않는 시가 영원히 불리는 것처럼
너는 살아 있는 동안 사랑일 것임을
네가 사는 세상이 너를 미워하고
네가 세상을 또 미워할지라도
태어난 순간부터 끊임없이
소금이나 기쁨이나 사랑이나 그래 영혼 같은 것들로
너는 나의 글감이 되고
시인들의 입에서 너를 부르고

너는 살아날 것이다

죽은 것들의 틈에서 너는 귀하게 피었다
단어들에 가둘 수 없는 이 마음이
네가 사는 작은 밭이 되기를 기도하고
너는 내게 줄곧 피어나
그 길고 긴 찰나를 나는 산다
사랑할 수 없는 틈에 너는 사랑으로 오고
너의 슬픔이 너의 아픔이
사랑을 지핀다
네가 그런 사람임을 알기를
네가 폭격 속에 핀 생명임을 그 찬란함을
네가 알기를

봄을 맞는다

처마 밑 고드름마냥
창문 앞에 언 채로 섰다
하릴없이 매달려
오길 기다린다

다정함에 묻어오는 것이
그것이 봄이라면
나는 영영 언 채로
창 앞에 서겠지만

오는 봄에
다정함이 묻어와
나는 이대로 영영
네 앞에 선다

사람들은 그랬지,
내가 녹아야 네가 온다고
언 마음엔 내내 오지 않더니
분 바람에 이내 와
봄을 맞는다

사랑

세상을 도는 수많은 이름의 그것은
내게 무엇으로 불려야 하는지 나는 몰랐다
노랫말도 시도 미소도
내게는 부질없고
세상은 홀로 서는 것이 온전하다 믿었다
기대고 싶은 것은 홀로 서야만 가질 수 있는 마음이고
홀로 서야만 온전히 기댈 수 있는 마음이었다
그런 사랑을 나는
어떤 이름으로 불러야 할지 몰랐다

그러나 이제 분명한 것은
손을 잡는 것과 눈을 마주하는 것과 같은
수많은 시간들이
세상을 돌고 돌아
더 선명히 빛나
내가 집에서 아무리 멀어져도
나를 붙잡고
사랑을 붙잡고
떠나지 않게 한다는 것이다

아침 일찍 눈을 떴을 때

텅 빈 천장만이 당신을 대신하고
곁에 내가 없어도
곁에 사랑이 없진 않음을
쉽지 않은 그것이
분명하게 자리함을 나는 알고 있음을
내가 집에서 아무리 멀어져도
당신을 붙잡고
사랑을 붙잡고
떠나지 않게 한다는 것이다

불러야 할 많은 이름이 있다
눈을 감으면 밀려오는 분명한 그 이름들은
분명히 늘 곁에 있기에
사랑으로 부르겠다
노랫말로 시로 미소로
당신을 사랑이라 부르겠다

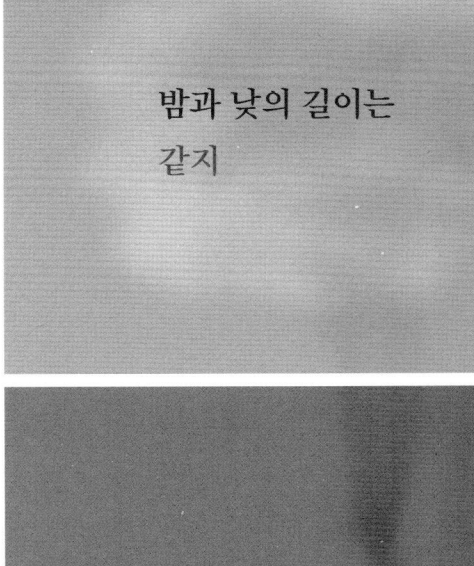

밤과 낮의 길이는
같지

먼 곳으로부터

가라앉은 것들로부터
떠오를 것들로 옮겨가는 시선
먼 곳에 둔 눈은
그리운 것들에 걸려 바다의 마음이 된다
방주로 돌아온 새는
무엇을 물고 왔지
사라진 땅에서
땅을 살리는 몸짓, 날갯짓
기다리던 틈에서
언 땅을 녹이는 몸짓, 눈짓
떠오를 것들로부터 다시
가라앉은 것들로 옮겨가는 시선

밤과 낮의 길이는 같지

안다고 생각했던 많은 것들은 틀렸다. 아름답다 생각했던 것들도 그 빛을 바래 더는 아름답지 않고, 관심 두지 않던 것들이 사랑스럽다. 나는 잘 알고 살고 있다고, 내가 아끼는 것들이 분명 빛을 발할 거라고. 10년 이상 일하면, 성공할 것이고, 육아는 힘들지만, 분명 가치 있는 일이고. 돈은 매달려선 안 되지만, 꼭 필요한 것이고. 건강이 제일이고. 아름다운 것을 아름답다 여겼다. 가치 있는 것을 가치 있다 여겼고. 그러나 밤은 길다. 긴 밤에 장사 없다. 둔감해진 몸과 정신은 눈을 감기고, 몸을 재운다. 안다고 생각했던 많은 것들이 꿈에서만 맞을까 두렵다. 아름다운 것들이 꿈에서만, 꿈에서만 빛날까 봐 두렵다. 긴긴밤. 낮은 오지 않고, 꿈을 꾸는데, 나는 되된다. 밤과 낮의 길이는 같다. 밤과 낮의 길이는 같다. 밤과 낮의 길이는 같지.

설거지에게 화를 냈다

쟁그랑거리는 부딪힘이 소란스럽고
해야 하는 일은 기다리지 않음에
더 소란스럽게 맨손을 컵에 욱여넣었다
들어가지 않는 것은 당연했다
손이 큰 것을 탓할 수는 없는 것이었다
컵이 작은 것도 탓할 수 없는 것이었고
다만, 맞지 않는다는 것만 다시금 알 뿐이었다
소란이 가중되는 그 작은 세상 안에서
나는 있지 않은 것을 찾고 탓해선 안 되는 것을
탓했다
그러나 시간이 간다는 것은 신기하게도
소란을 멈추어 준다
아무것도 남은 것이 없다는 것은
더는 공허가 아니라 순결한 것이 된다
자리를 찾지 못하던 것은 제자리를 찾고
얼룩은 남지 않았으며
빛나는 그릇을 든 마음도 반짝인다
화는 이렇게 내는 거구나.
해야 할 일로 시간이 간다
시간은 할 일과 함께 등을 만든다
그렇게나 양파를 썰던 엄마처럼

나는 오늘도 설거지의 등에 숨어
소란스럽게 어깨를 들썩인다

모자

눌러쓴다. 밖으로 또 안으로 향하는 나의 모진 비난을 가린다. 봐주지 않았으면 하고.
선한 얼굴을 한 늑대의 포효는 숨어들고 세상이 듣지 못하는 것은 관심 없기 때문이 아님을 모진 세상을 견디고 있음을 꾹꾹 눌러쓴다.
펜에 담기는 마음이 아니기에. 부끄러운 낯빛을 땅으로 떨구고 고개를 들 수 있는 날을 기약한다. 총성이 들려도 눈을 감는 세상이다, 나 따위 어리석은 인간의 모짐으로 상처받을 이 있겠는가. 어린양은 약하지 않다. 한 몸 내어줄 용기가 내겐 없기에 늑대로 남는다. 늑대는 짐승이다. 쓸 줄만 아는 것은 아무짝에도 쓸모없다. 움직이지 않는 죽은 자, 살기 위해서는 고개를 들고 맞서야 한다. 모자 아닌 펜으로. 펜 아닌 시간을. 시간 아닌 애정을 쓰는 인간으로. 벗어던져야 한다. 한순간 주저함이 영원한 과거인 냥. 늑대의 얼굴을 한 어린양으로.

성장통

눈을 감으면
해야 할 것들이
줄을 선다
시장통 같아
나는 헤매듯
무엇을 살지 고른다
분명 해야 할 것들에 대해
생각하고 있었는데
전부 사야 할 것으로
바뀌었으니
분명 가던 길을
잃었음에 틀림없다

장에서 엄마를 잃어
그 손을 놓쳐
목놓아 울던 때처럼
시장통 한복판에서
길을 잃고 섰다
울 수도 없는 노릇이다
눈을 감고 생각한다
길쯤은 찾을 수 있지

나는 어른이다
용서하는 어른이고
길 잃어도 엄마를 찾지 않는
숨을 고르자

감히, 감히
내뱉던 깊은 한숨이
흘리지 못한 울음 대신
로켓처럼 나를 쏘아 올려
더는 헤매지 않고
하늘에서 땅을 보고
찾게 할 테니
그것이 무엇이든
해야 할 많은 것들이
줄을 서도
성장통으로 눈을 감으면
무엇으로 살지
찾게 할 테니

그래 아니야

그래 아니야 라는 말이 나오기
전까지 나는 얼마나
아니라는 거야라고 외쳤을까
네가 하는 그 모든 말들이
파편으로 부서져 조각조각 피를 낼 때에
그래도 아니라고 발을 딛고
꼿꼿이 피를 흘렸다
밖에서 안으로만 도망칠 수 있어
상처의 골짜기에는
계속해서 아니라는 말만 메아리쳤다

끝내 내 세계의 문을 닫고
네 세계에 들어섰을 때
벗은 몸으로 나는
다시 태어날 수 있었지
나는 아니라는 말을 가두어 놓고
홀로 앉아
발을 씻었네
네 미소가 흐드러지게 피니
아, 봄이구나 하고
앉아 보았네

그래, 맞아
긍정하던 나를 보았네
그래, 아니야 부정하던 너의 긍정에
나는 네 미소만을 보았네

발톱

거울을 본다
발톱은 거울로도 잘 보이지 않는다
눈에서 가장 멀어서인지
내 눈에만 그 모습을 숨기고
남의 눈에는 흰 속살을 뾰족하게 드러낸다

너를 할퀴던 그것은
나도 할퀴어 결국 피를 낸다
잘라내지 못한
나의 일부가
칼날같이 파고들 때
나는 너를 생각한다
너를 생각하는 나를 본다

거울은 이번에도
너를 숨긴 나의 얼굴을 비춘다
보이는 것만 비추는 너는 바보인가
보이는 것만 보는 너도 바보이고

제 발톱도 볼 수 없는
아득한 눈을 가진 내가

너를 눈에 담아서
나는 또 너를 보내고
발밑을 본다

볼 수 없던 그것이
너를 보낸 후에야
잘라내 달라 아우성을 친다

그렇게나 볼 수 없던 그것이
몸뚱이를 하늘로 날리며
나는 태어난 적 없었다 잊고 살라
제 모습을 감춘다

상처 줄 운명의 그것은
빨리 죽길 바라는 마음으로
또 제 모습을 감춘다

눈 위에 앉았다

눈 위에 앉았다
찬 것이 겨울만은 아니었다
우리는 모두 고드름
물로서는 가장 뾰족하게 날을 세우고 옹기종기 앉아
완전히 얼지 않은 채로
세상을 향해 거꾸로 선다
녹고 싶다
녹은 채로 영원히 흐르고 싶다
봄이 오지 않을 거란 소식에도 소란 떨지 않고
내내 흐를 날을 그리며
마침내 올 봄을 향해 웃고 있다

우리, 눈 위에 앉았다

유작

당신을 원망치 않기로 했습니다
아무것도 남기고 가지 못한다고 해도
체념치 않기로 했습니다
내가 기도로 배운
그 모든 것들이
그저 밤을 떠도는 바람보다
곁이 돼주지 못한다 하더라도
당신 곁으로 나를 불러
허공에 떠도는 슬픔만
남긴 채 사라진다 할지라도
여기서 펜을 놓지 않기로 합니다
살아있다면 유작일 리 없으니까요
살아있다면 원망치 않기로 했던
약속 지키지 못해도
체념한다 할지라도
내가 사랑한 모든 것이
곁에서 나를 불러
줄 테니까
당신 곁에서 유작으로만 남지 않을 테니까요

숨

고통은 뱉어지는 것이 아니다
내쉰 자리마다
돌이킬 수 없는 신음으로
선명한 기억
다만, 꽃은 핀다
내쉰 자리마다
하릴없는 몸뚱이로
선명한 자리마다
꽃이 피었다

죽음을 바라보며
창 밖의 언 틈을 마주할 때
진자리 그 자리마저
선명히 남았다
고통만 삼키던
들숨의 자리마다
돌이킬 수 없는 사랑으로
기꺼운 삶
다만, 꽃이 피기에
갚을 길 없는 생으로
기껍게 피고 진다

거두어질 때
날숨과 들숨으로만 존재할 때
갚자,

삶을 향한 거대한 외침으로
신음과 고백으로
사랑과 덮음으로

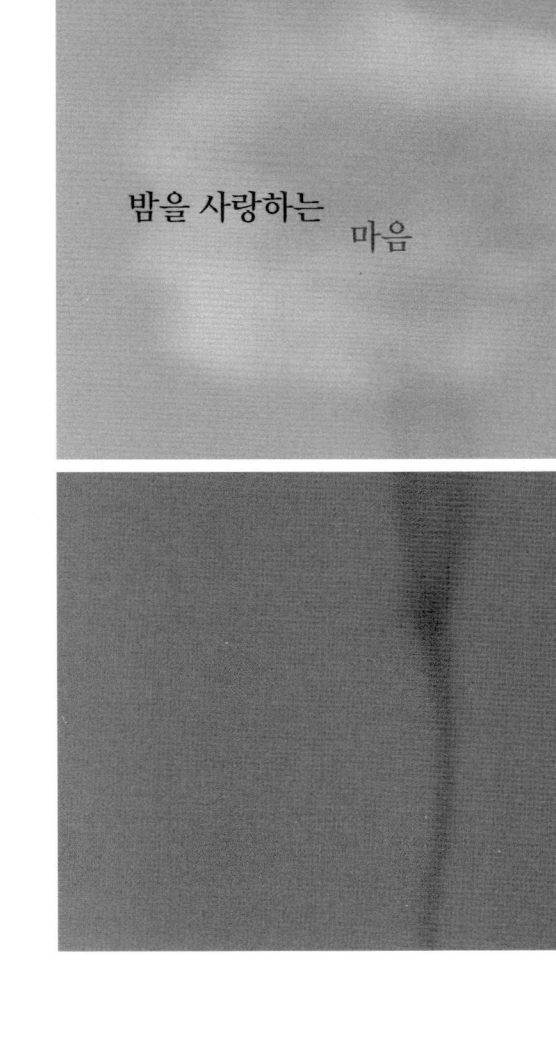

밤을 사랑하는 마음

비둘기

비둘기들은 더 낮게 맴돌았다
사람들은 피하는 것이 익숙했다
평화의 상징인 적이 없었던 것이다
녀석들은 퍼덕거리며 맴돌았다
배고픔에 끓는 더위 아래서
평화는 피하는 것이었다
살기 위한 몸부림.
구구 소리를 내보았다
우는 것이 들릴까 싶어
나도 굶주린 어깨가 아니었다면
더 낮게 맴돌며
피한 적 없이
알기 위한 몸부림으로
소리 내어 보았을 텐데
우는 것이 틀림없는 것을
안아주었을 텐데
더 낮게 맴돌며

눈이 오던 날

벽에 네 발을 올리고
머리를 맞대고 놀았다

맞닿은 우리는
같은 하늘을 보고
창 밖에 눈은 남의 일이었다

안도 밖도 내리는 눈도
멈춰버린 시간도
선명하게 따뜻했다

다시 겨울이 오고
몸을 움직여, 손이 일하고
손이 일할 때, 머리가 쉬는 나이가 되니

소란이 움직이지 않아도
마음이 들리던 그 겨울이
숨죽여 내린다

네 발과
두 머리와

하나의 하늘,

무수히 내리던 눈 사이로

같은 사랑을 하던 우리가 희미하게 누웠다

레몬

레몬을 선물 받았다
먹지 못하고 오래 두었다
귀하고 쓴 마음을
수분 90프로의 그것을
차마 입댈 수 없던 그것을
나는, 나는 짜내기로 마음먹어야 했다

달큰하고 쓰다
어쩐지 많이 닮아,
사랑아, 하고 불러 보았다
순도 90프로의 것을 짜내어
나는 진짜를 만들었다
껍질을 버리고
연약함을 보일 때
우린 달콤함을 맛본다

10년 만에 겨우 얻은 열매인 줄도 모르고
박박 씻어 껍질을 벗겼지만
속을 내어 놓아야만
달게 마실 수 있는 것이어서
항산화에 좋다던

신 열매를
나는 다시금
사랑아, 하고 불러 보았다

마침내 달기만 하였다

바질 토마토 에이드

칼집 낸 몸을
뜨거운 물에 던져 넣는다
찰나에 벗겨지는 껍질
거짓인 줄 알았던 그것은
사실 속과 다르지 않다
같은 색을 입은 착한 속살
절여질 것을 두려워 않고
병을 물에서 건져
바질 토마토 설탕
기쁘게 넣는다
기다린다
달그락거리는 얼음에 담긴 채
시간은 여름에 다다른다

갈대

갈은 모래 위에 집을 지은 것 중
가장 아름답다
갈은 재가 되지 않고
여러 해 다시 난다
흩어지지 않고
빈 몸을 다시 산다

갈은 그대들과 같이 흔들렸지만
때때로 슬픔을 혼자 몸짓했다
갈이 바람결에 추는 춤이
그가 우는 것임을 아는 이는 시인뿐이었지만
갈은 그 해도 그다음 해도
춤을 추었다
누군가 제 울음을 알아주길 바라면서

갈은 모래 위에 집을 지은 것 중
가장 아름답다

열

아가 머리에서 심장이 뛴다
가만히 소리를 만지면
어느새 내 심장이 뛴다
꼭 잡은 손 사이를 비집고
힘든 숨소리가 적막을 깬다
나는 또 가만히 배를 쓸어 내린다

발가벗은 몸으로 크게 울던 그때처럼
차라리 힘차게 울어주었다면

발가벗은 몸이 가여워
몸을 갖다 댄다
뜨겁다
잠을 자는 것이 맞을까
몇 번이고 머리를 쓸고
몇 번이고 콧등을 만진다

기도를 한다
이것이 아버지의 마음이라면
잘못했노라고
내가 달리 받겠노라고

이것이 아버지의 마음이라면
더는 머리로 뛰지 말고
나지막한 숨소리로
깨어있겠노라고

곰

딸아이의 그것을
베고 누워 천장을 본다
머리칼 사이로 침 냄새가 고릿하게 오르고
생각보다 높은 등에 목 끝이 버겁다
네 배가 내 아이를 품어
그리도 등이 굽었겠지
등을 맞댄 우리는 어미의 마음을 나눈다

하얗던 몸이 회색으로 바래는 동안
숱한 시간을 아이를 업었을 녀석을
베고 눕자니
코가 시려 돌아눕는다
코 없이 맨 자리만 남은
가여운 곰아
긴 사랑만큼 너는 낡아
이젠 내 등을 업는구나

아낌없는 나무가 그랬듯
쉼 없는 사랑으로 밝게 우는 너를
나는 사랑한단다
너는 더는 자라지 말고,

굽은 등 오래 곁에 남아
곁을 내주렴
달콤한 기억이 오래도록
머리칼을 스칠 수 있게

내 아가 오래도록 안을 수 있게

눈과 눈물

사랑이 세상에 없다면
사랑이라는 말이 세상에 없다면
눈물을 두 번 쓰리
하품하는 이의 눈물을 아는 눈과
신음하는 이의 눈을 보는 눈물과
그 고통을
가늠하는 이의 운문을 읽는 눈
그 눈들을 위해 쓰리
눈과 눈물로 얼룩진 날
사랑이라는 말이 세상에 없다면

사랑이 세상에 없다면
마지막 남은 사랑을
눈물로 쓰리

집으로 가는 길

어서 빨리 좁은 문을 통과할 수 있기를 바랐다
세계를 여는 것은 나의 몫이 아니라
문 앞에 선 나를 종종 상상했다
두 팔 벌려 뛰어가는 기쁨
빛을 껴안는 자의 기대로 몸이 아렸다
아직 오지 말라는 기쁜 말
문 앞에 선 나를 줄곧 끌어당겼다
세계를 다시 여는 것도 나의 몫이 아니라
어서 빨리 좁은 길을 재촉했다

다만 걷지 않고도 걸을 수 있었다
사랑의 말에 업힌 채로

밤의 노래를 부르자

역청을 발라
바구니를 만든다
밤의 노래는 거기서 시작된다
아침이 올 때까지 부르는 노래이고
안녕의 노래이고
계절의 끝에 부르는 노래

세상을 떠도는 사랑들이
담기게, 안기게
밤의 노래를 부르자

여름의 드문 바람이 기쁘게
바구니를 싣고 간다
밤의 노래는 계속된다
아침을 잊지 않길 부르는 노래이고
안녕의 노래이고
계절의 시작에 부르는 노래

밤의 노래를 부르자,

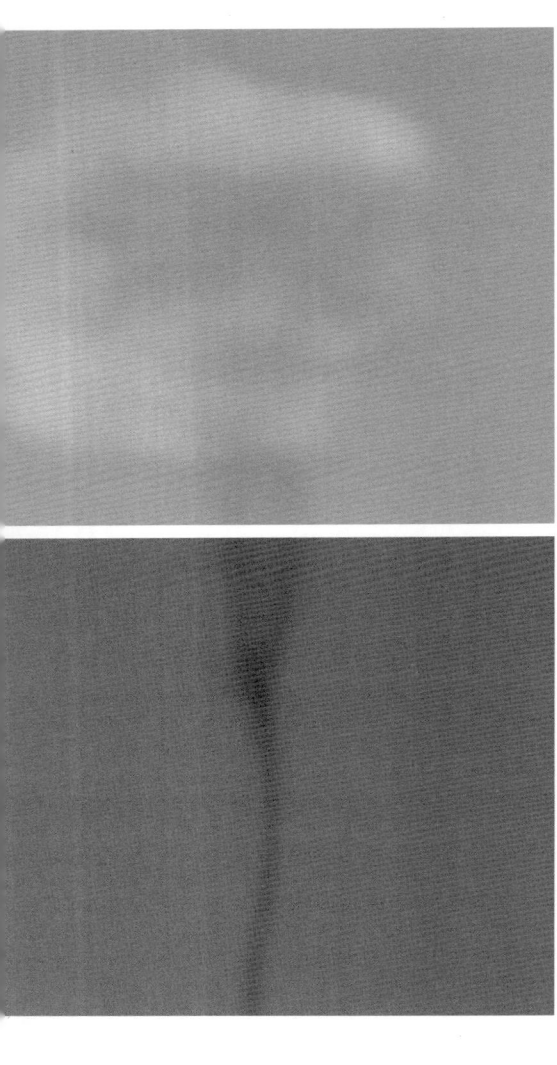

슬픔은 나의 힘

슬픔은 나의 힘

머리를 민 아이의
그 아이 옆에 선 엄마의
그 손을 매만지는 엄마의
그 옷을 만지작거리는 큰 아이의
미소로 답할 수밖에 없는 간호사의
대답 할 수 없는 의사의
그 많은 슬픔들을 모아 버리는 미화원의
새벽을 가르는 울음소리의
다시 뜨는 해의
날아가는 새 두 마리의
비 내리는 하늘과 고개 숙인 갈대의
기세 없는 손으로 써내려가는 글에 선 슬픔

야구와 자전거

언니는 스트라이크 소리를 들으며
자전거를 탔지
경기장을 가진 못했어
우린 해야 할 일이 많아
엄마이고 아내이고 딸이고 직원이고 선생님이고 언니이고 이고 이고
에고고 하고 푸념을 나눴지
언니는 계속 이기는 시즌을 본 적 없어
이번만 아버지를 봐주라 했지
말하다 일어나는 아버지를 처음 이해했어
몸이 아팠어
자전거를 타야 했지
운동을 가진 못했어
우린 해야 할 일이 많고 많아
언니이고 선생님이고 직원이고 딸이고 아내이고 엄마이고 나이기도 하지
푸념만 나눌 일은 아니었어
언니는 계속 아픈 이율 알 수 없어
한 번만 아이들을 봐주기로 했지
화내다 돌아눕는 엄마를 다시금 이해했어

계속 나이고 나이고 나였다면
계속 엄마도 딸도 언니도 선생님도 직원도 아무도 될 수 없었겠지
그래, 계속 나이고 나였다면

사라진 우주

자전거가 무한대를 그리며
운동장을 돈다

무한의 궤도를 그리던 그것은
궤도를 벗어나
시공간을 뛰어넘는다

허리를 감던 작은 손이
제 얼굴을 보이지 않은 채 선명하고
얕게 이는 모래바람이 발목을 스쳐
시간을 거슬러 벨이 울린다

같이 탄 적 없는 자전거로
궤도를 그리고 있는 우리는
영원의 블랙홀에 갇힌 채
헤어진 적 없이
헤아릴 수 없는 암흑을
계속 도는데

시절로 남은
우리의 우주는 아직 존재하긴 하는 걸까

이별

길 위에 까치 있었다
차들은 경적을 울리지 않았다
친구 누운 자리 마르지 않았다
돌아가야 했다

자리를 서성이거나
돌아가는 것은
이별을 대처하는 자세였다
익숙해지는 것은 아니었으나
우린 그렇게 사랑임을 배웠다

짝사랑

발을 돌려 집으로 향했다
네가 올 것이기 때문에
나의 그림자이길 자처한
너의 낮은 움직임이 나는 좋았다
하지만 나는 너의 노래를 부른 적이 없고
너는 나의 노래를 들은 적이 없어
우리는 같이 있어도 함께이지 못했다
빛이 없으면 그림자는 없다
그림자가 없으면 빛이 없는 것이다
다만, 그렇게 알고
너의 사랑이 불변임을 믿었다
나는 사랑을 잃고 무엇도 쓸 수 없었다
돌아온 자리에는 네가 없어서
나는 더는 빛이 아니었고
다만, 세상에 없는 노래로 남았다

사람들은 사랑이 아니었던 사랑을
다만 노래로만 기억했다

빈자리

빈자리 위로 눈이 내린다
눈은 감히 녹지 못한다

오래도록 내린 자리
눈덩이 되어
싸움을 거는 슬픔
칼날 같은 던져짐에
스러지는 눈들은
말없이 눈을 감는다

꽃도 피었다
피었다 진 자리
빈자리 위로 눈이 내린다
눈은 감히 떠나지 못한다

다시 오도록 비운 자리
꽃의 무덤 되어
흩날리는 슬픔
실낱같은 다짐에
흩어지는 눈들은
속절없이 눈을 돌린다

빈자리는 이제 영영 없지만
내리는 눈은 영영 멈출 줄을 모른다.

우물

우물 하나 있었다
우물 안에서 하늘을 보았다
깊고 검은 그것은 배가 고팠다
물릴 젖이 남지 않은 나는
크게 한탄했다

'헤어질 수 있는 사랑을 담아
선물을 준다'
다섯 살 아들이 말했다
어리석게도 나는
그때의 나는 몰랐지만,
길이 집인 이들에게는
그것이 사랑이고
세상이 엄마인 이들에게도
그것이 사랑임을
바라지 않고 주는 마음을
나는 네게서 배웠다

세례 받는 아이의 미소에 울었다
이것이 감격인 것인지, 감사인 것인지
나는 모르나,

작은 것들을 사랑하는 것이
나도 같이 작아지는 것이
지혜임을, 이제 안다

작은 것들을 사랑한다
그의 울음소리를 감사한다
흐느끼는 것은 태어나 한참 뒤 배운 것임을
그 큰 울음소리로 안다
작은 몸짓들은 이렇게나
엄마 되는 지혜를 가르친다

작은 우물가에서 하늘을 보았고
나는 그 검고 희고
낮은 곳에서 하늘을 가늠했다

슬픔은 나의 힘 2

허기진 마음
예기치 않게 찾은 슬픔을
몰아낸 적 없이
파도처럼 맞아
부러 돌아가는 마음을
사무치게 앗아가는
가진 적 없는 것들이여
왜 가두는가
영원히 달라질 것 아니라면
끌어내린 나를 다시
두둥실 올려주어
사자처럼 거침없이
먹어치워 주길
다시 태어나고
죽기를 반복하는 생은
죽음을 두렵지 않게 하지만
그 슬픔을 무디게 하지 못한다

깊게 파인 눈
선망을 보는 그 눈을 손잡은 채
노래를 불러 본다

나를 알지 못하는 당신은
내가 가진 적 없는 당신은
슬픔에 나를 가두고
영원의 우주를 떠돌다
나를 지구로 끌어내려
뭉근한 마음을
사자처럼 먹어치운다
다시 태어나리
당신 없는 삶을
그 슬픔으로
파도 같은 슬픔으로
철썩 부딪혀
가진 적 없는 것들을 향한
늘 허기진 마음
몰아내리

삶을 살아낸다는 건

이름을 부른다
말간 하늘을 등 뒤로 하고
세차게 뛰어오는 너의 얼굴을 보는 것이
때마다 머무는 슬픔을 멀리하는 지혜라
따가운 햇살이 차게 부는 바람 뒤에 숨어 올 때에
달리는 너의 볼을 손바닥 사이에 밀어 넣고
너의 두근거리는 심장을 뺨으로 느끼며
밥 먹자, 말하는 순간
젖은 날개를 퍼덕이며
목청을 다해 내게 안기어
밥 달라 지저귀면
삶의 언저리에 서서 서성이던 내가
어여쁜 눈으로 세상을 본다
너는 세찬 바람을 헤치고 나에게 와
해 같은 기쁨으로 슬픔을 몰아내고
네가 날아가지 않게
내 발을 땅에 붙인다

저마다 밥때에 부르던 이름이
삶을 살아내게 하고
다정히 손을 뻗어

볼을 만질 때에
멀어지는 슬픔을 붙잡고
등 뒤에 숨겨 꽁꽁 붙잡고
내 곁에만 있으라 속삭였으리라

삶은 그렇게 살아서
뛰어오는 미소 하나에
동그랗게 떨어지는 내 슬픔이다
저마다의 슬픔이다

비 내리지 않기를 기도

'포기하지 않고, 1년이고, 2년이고
할 수 있는 후원을 해'
후원 따위를 나는 모른다
끝을 아는 사랑을 배운 적 없고
시작할 수 없는 사랑을 나는 모른다

포기하는 것은 사랑도 사람도
아닌, 나다
나는 세상에 젖은 자리에 서서 버둥거려도
단념치 않을 것이다
사랑하기를 그치려고 쓰는 편지는
부치지 않을 것이다.

바짝 마른 사랑 아닌 사랑을
보낼 수 있음에 감사하고
1년이고 2년이고
사랑은 그친 적이 없으나
내가 멈추어 선 것이다
젖은 땅에 흠뻑 젖어
차마 부치지 못한 편지를
부둥켜안은 채, 앉은 것이다

다시 땅이 굳으면
비가 그치고,
흙탕물 위에 설 수 있게 되면
그친 적 없는 사랑으로
너의 이름을 다시 부를 것이다

그러나, 비 내리지 않기를 기도.

사랑할 수 없는 틈에 너는 사랑으로 피고

초판 1쇄 인쇄	2025년 10월 21일
초판 1쇄 발행	2025년 10월 30일
지은이	김소영
펴낸이	이장우
책임편집	송세아
디자인	theambitious factory
편집 제작	안소라 김소은
관리	김한다 한주연
인쇄	KUMBI PNP
펴낸곳	도서출판 꿈공장플러스
출판등록	제 406-2017-000160호
주소	서울시 성북구 보국문로 16가길 43-20 꿈공장 1층
이메일	ceo@dreambooks.kr
홈페이지	www.dreambooks.kr
인스타그램	@dreambooks.ceo
전화번호	02-6012-2734
팩스	031-624-4527

이 도서의 판권은 저자와 꿈공장플러스에 있습니다.
이 책은 저작권법에 의해 보호받는 저작물이므로 무단전재와 무단복제를 금합니다.

일부 맞춤법 및 띄어쓰기의 변형은 저자 고유의 글맛을 살리기 위함입니다.

ISBN	979-11-993697-6-4
정가	11,000원